Das Märchen vom MARKETING

„...aber wir sind doch alle marktorientiert"

von
Klaus Backhaus

Illustriert von
Frank Zimmermann

1990
Schäffer Verlag
für Wirtschaft und Steuern GmbH
Stuttgart

Es war einmal ein Industrieunternehmen, das weltweit wegen seiner guten Produkte bekannt war. Die **Geschäftsleitung** war darauf besonders stolz und **der Vorsitzende,** Dipl.-Ing. Ernst Grau, nutzte jede Gelegenheit, dies deutlich zu machen: »Nehmen Sie z. B. unsere Maschinen. Sie werden nichts Vergleichbares auf der Welt finden. Wir legen jede Maschine so aus, daß sie immer 100% aller benötigten Funktionen beim Kunden erfüllt. Bei uns bleibt kein Wunsch offen! Dabei sind die Aggregate so robust, daß ihre Ausfallzeiten minimal sind. Und Sie wissen, die Werkstattleiter stöhnen immer darüber, daß Ausfallzeiten sie umbringen. Mehr Marktorientierung ist gar nicht denkbar!«

Das einzige, was Grau betrübte, war, daß trotz der extrem hohen Produktqualität die Marktanteile im letzten Geschäftsjahr drastisch zurückgegangen waren. »Die Produktqualität ist nach wie vor unübertroffen, offenbar versagt unser Verkauf,« war seine einleuchtende Erklärung.

Der **Verkaufsdirektor,** Herbert Drücker, dem die Vertriebsniederlassungen unterstanden und der auch für den Händlervertrieb zuständig war, widersprach dem jedoch energisch: »Das sind doch seit Jahren die gleichen Verkäufer, warum sollten sie schlechter geworden sein? Ihr Einkommen hängt von ihrem Verkaufserfolg ab und deshalb sind sie motiviert bis in die Haarspitzen. Die lesen dem Kunden jeden Wunsch von den Augen ab. Der einzige Grund liegt in den viel zu hohen Preisen. Wir produzieren unrentabel.«

TEUER!!
PREIS
KONTO
S H

Das brachte den **Fertigungsleiter,** Ing. (grad.) Heinz Schaffer, auf den Plan: »So, meine Herren, geht das nicht! Qualität hat eben ihren Preis. Und ich habe die letzten Rationalisierungsspielräume aus der Fertigung herausgeholt. Wenn wir mehr Menge machen würden, könnten wir auch die mengenbedingten Erfahrungskurveneffekte nutzen! Maschinen machen im Rahmen des Ganzen zu wenig Umsatz, so daß sich der Verkauf für dieses Produkt überhaupt nicht richtig interessiert. Die machen lieber Großgeschäfte. Wenn dann auch ein paar Maschinen mitverkauft werden, dann können wir glücklich sein. Wir brauchen eine neue, eigene Vertriebsorganisation.«

Bei diesem Argument meldete sich der **Finanzchef,** Dodo von Goldberg, zu Wort: »Eine neue, eigene Vertriebsorganisation können wir uns gar nicht leisten. Wissen Sie, was so etwas an liquiden Mitteln verschlingt? Die sind einfach weg und man sieht nichts mehr. Außerdem ist vieles davon sofort ergebniswirksam, weil sich große Teile solcher Marktinvestitionen nicht aktivieren lassen. Da scheinen mir Investitionen in eine optimierte Fertigung doch sinnvoller zu sein.«

»Nein,« warf der **Entwicklungsleiter,** Dr. Tüftelbach, ein, »wir haben doch gehört, daß die Fertigung weitgehend optimiert ist. Wir müssen unsere Produktqualität weiterentwickeln. Stillstand bedeutet Rückschritt. Wir müssen auch bei Maschinen wieder mehr Geld in die Entwicklung stecken. Wohin die Mittel fließen, kann doch nicht unter bilanziellen Überlegungen entschieden werden. Wenn unsere Buchhalter entscheiden, wie wir unsere zukünftige Marktposition entwickeln, na dann, gute Nacht!«

UHU

Seit einiger Zeit hatte der **Leiter der Marketingabteilung,** Herr Etting, den alle im Hause nur mit seinem Vornamen Mark anredeten, versucht, sich zu Wort zu melden. »Ich predige schon seit Jahren, daß wir eine stärkere Marketingorientierung brauchen. Unsere Leute denken nur in Produkten und nicht in Märkten. Ich möchte Ihnen noch einmal ....«

Geschäftsführer Grau schnitt ihm das Wort ab. »Ich glaube, es reicht jetzt. Unsere Marketinggemeinkosten werden wir im nächsten Jahr eh um 20% reduzieren müssen. Mit Werbung und Prospekten verkauft man in unserem Geschäft nichts.«

Allgemeiner Applaus zeigte, daß die Beteiligten in diesem Punkt offenbar einer Meinung waren. »Dennoch, meine Herren,« fuhr Grau fort, »so geht es nicht weiter. Jeder hat seine eigene Vorstellung darüber, wie wir in unserem Geschäftsfeld Maschinen die verlorenen Marktanteile zurückgewinnen können. Was wir aber brauchen, ist eine gemeinsame Marktstrategie.«

Um die Diskussion zu versachlichen, beschloß man, die Unternehmensberatungsfirma Mc Arthur Company (MAC) aus Boston einzuschalten.

MAC durchleuchtete das Unternehmen zwei Monate lang, dann kam es zu einer abschließenden Präsentation. Die Charts waren großartig und der Vortrag glänzend. Die Empfehlungen liefen auf eine Zangenpolitik hinaus: Eine Gemeinkosten-Wertanalyse hatte gezeigt, daß bis zu 40 % Gemeinkosten gespart werden konnten. Anhand eines eindrucksvollen Geschäftsfeldportfolios konnte klar demonstriert werden: Das Geschäftsfeld »Maschinen« gehörte zu den sog. »Stars«.

Dr. Hessler von MAC betonte deshalb immer wieder in überzeugender Weise: »Bei Maschinen haben Sie Fehler gemacht, denn bei »Stars« verliert man keine Marktanteile.«

Dieses Ergebnis beeindruckte die Geschäftsleitung sehr. Obwohl es nicht neu und auch nicht überraschend war, hatte man noch nie eine so brillante Begründung gehört.

Wachstum
STARS
NACHWUCHS
M
M
CASH-KÜHE
DOGS
Relativer
Marktanteil
MAC

Es dauerte einige Tage, bis sich alle Beteiligten mit den Empfehlungen der Berater im Detail vertraut gemacht hatten. Als erster nahm der **Rechnungswesen-Chef,** Dipl.-Kfm. Ulrich Saldieri, die Diskussion wieder auf.

»Meine Herren,« verkündete er auf einer Geschäftsleitungssitzung, »die neuesten Zahlen belegen, daß es mit unserem Geschäftsfeld »Maschinen« weiter bergab geht. Allein im letzten Monat 10 % Umsatzeinbuße – und das in Zeiten einer überschäumenden Konjunktur. Wie soll das erst bei rückläufiger Konjunktur werden?«

Mark Etting, der von den Gemeinkosten-Sparmaßnahmen am meisten betroffen war, erhob sich zu einer kurzen Präsentation: »Meine Herren, ich weiß, daß viele der hier Anwesenden meine Abteilung am liebsten abschaffen würden, weil dadurch in den Augen Vieler Marketing zum ersten Mal einen meßbaren Beitrag zum Ergebnis beisteuern würde. Aber das zeigt mir nur, wie sehr wir immer nur mit uns selbst beschäftigt sind. Wenn ich unsere ganze bisherige Diskussion Revue passieren lasse, dann ist bisher zwar relativ oft das Wort »Kunde« gefallen. Ich behaupte aber, daß wir unsere Kunden nicht richtig verstehen. Ich habe die Zeit seit unserer letzten Diskussion dazu genutzt, im Rahmen unserer Marktforschung Informationen darüber zu bekommen, was der Kunde von unseren Maschinen hält. Und ich glaube, Hinweise dafür zu haben, warum wir ständig Marktanteils- und Umsatzverluste bei unseren Maschinen zu verzeichnen haben.«

»Unsere Verkäufer besuchen – wie unser Verkaufschef Herbert Drücker bestätigt hat – traditionell immer die Werksleiter, zu denen sie auch hervorragende persönliche Kontakte aufgebaut haben. Werksleiter denken in Ausfallzeiten und in Flexibilität, um alle vorkommenden Probleme mit der jeweiligen Maschine lösen zu können. Das ist aber nur die eine Seite der Medaille. Unsere Kunden stehen auch unter verstärktem Kostendruck. Unsere japanischen Konkurrenten, die dieses Wirtschaftlichkeitsproblem viel klarer erkannt haben, versuchen, ihre billigeren Standardmaschinen, die maximal 80% der Funktionen können, die unsere Maschinen leisten, über einen anderen Einstieg ins Einkaufsgremium, das Buying Center, zu verkaufen.«

VERWALTUNG

»Mit den japanischen Maschinen können und wollen wir unsere Produkte nicht vergleichen« unterbrach Drücker.

»Das ist es ja eben,« konterte Mark, »unsere Kunden tun es aber und da ist es gleichgültig, ob wir das wollen oder nicht. Ob wir am Markt erfolgreich sind oder nicht, entscheidet einzig und allein der Kunde. Und das Dramatische ist, daß wir unsere Umsatzeinbußen gerade bei unseren größten Kunden haben, die jeweils mehrere Maschinen von uns einsetzen. Ich kann Ihnen auch sagen, warum: Die letzten 20% Funktionserfüllung benötigt der Kunde nur in seltenen Fällen.

Wenn er von 5 Maschinen des gleichen Typs eine von uns kauft und 4 von den billigeren japanischen Standardmaschinen, dann hat er insgesamt 100 % Funktionserfüllung – aber erheblich kostengünstiger! Der Kunde kauft eben nur bei dem Anbieter, der aus seiner subjektiven Sicht das beste Angebot liefert – eben einen komparativen Konkurrenzvorteil hat, einen KKV!«

Im Besprechnungsraum war es still geworden. Als erster ergriff der **Entwicklungschef,** Dr. Tüftelbach, das Wort. »Meine Herren, wenn das so ist, warum entwickeln wir dann nicht auch eine abgemagerte Version? Meine Mannschaft hätte eine solche Maschine in vier Wochen marktreif.«

»Wenn ich nicht umrüsten müßte, sondern große, standardisierte Losgrößen fertigen könnte, dann könnte ich mir vorstellen, eine entsprechende Maschine zum halben Preis zu fertigen. Außerdem erfordert das nicht einmal hohe **Investitionen,**« ereiferte sich Werksleiter Schaffer.

Dem **Verkaufsdirektor** glänzten die Augen: »Wenn ich meiner Vertriebsmannschaft sage, daß wir ein Modell haben, mit dem wir gegen die Japaner auch preislich konkurrieren können – ich glaube, die fallen mir um den Hals und verkaufen die Maschinen ohne eigene Provision, nur um den Japanern wieder mal einen Auftrag abzujagen.«

Im Saal entstand so etwas wie eine Aufbruchstimmung. **Geschäftsführer** Grau ergriff das Wort: »Meine Herren, wenn ich Ihre Unruhe richtig deute, haben wir jetzt einen Weg, wie wir unser Geschäftsfeld nun wirklich marktorientiert ausrichten, so daß wir in den Augen unserer Kunden wieder besser werden als die Konkurrenz: Machen wir uns auf den Weg, um eine klare KKV-Position zu erreichen. Die Diskussion hier hat mir gezeigt: das ist eine Aufgabe für uns alle: für unsere Entwicklungsabteilung ebenso, wie für die Fertigung oder den Vertrieb! Ich glaube, wir haben das Marketing bisher verkannt. Marketing ist nicht etwas, das ausschließlich in Marketingstäben stattfindet: Marketing im Sinne einer Marktausrichtung des Unternehmens ist eine Aufgabe für uns alle. Es ist der Schulterschluß Aller in Richtung auf den Markt.«

BEDARF
ORDER

In den folgenden Wochen wurde die Marketingabteilung beauftragt, den sich neu entwickelnden Kommunikationsfluß zwischen den verschiedenen »Abteilungsinseln« zu koordinieren. Zum erstenmal unterhielten sich Entwickler mit Fertigungsleuten und Vertriebsingenieuren. Alle lernten neue Welten kennen. Die Entwicklung lernte frühzeitig Fertigungsprobleme erkennen und schon bei der Entwicklung berücksichtigen. Die Qualitätssicherung lernte, daß Qualität zwar die 100 %ige Erfüllung der Kundenwünsche bedeutet, daß die Kundenwünsche aber von Segment zu Segment variieren, und die Vertriebsmannschaft machte sich zur Aufgabe, ihre Kundenkenntnisse allen Betroffenen zugänglich zu machen. Die Umsatz- und Ergebniszahlen gingen deutlich wieder hoch und überstiegen sogar alle Erwartungen.

EKTI
RODUKTION
EB
FI
EINKAUF

Und wenn das Unternehmen nicht in Konkurs gegangen ist, weil die Geschäftsleitung es sich zu ihrer zentralen Aufgabe gemacht hat, diese neu gewonnene Marktorientierung immer wieder zu fördern und einzuklagen, dann hat sie auch verstanden, daß Marktorientierung ein dynamischer Prozeß ist und KKVs sich im Zeitablauf ändern. Dann hat sich eine Marketingkultur etabliert, und das Unternehmen wird heute noch leben ...

KKV
KKV
KKV

CIP-Titelaufnahme der Deutschen Bibliothek

Das Märchen vom Marketing: "... aber wir sind doch alle marktorientiert" / von Klaus Backhaus. Ill. von Frank Zimmermann.
– Stuttgart: Schäffer, Verl. für Wirtschaft und Steuern, 1990
ISBN 3-8202-0616-7
NE: Backhaus, Klaus [Mitverf.]; Zimmermann, Frank [Ill.]

Schrift: Optima
Satz: Steffen Hahn Fotosatz Etc., Kornwestheim
Reproduktion: Repro-Druck GmbH, Fellbach
Druck: Gutmann + Co. GmbH, Heilbronn
Buchbinderische Verarbeitung: Druckerei & Großbuchbinderei
Wilhelm Röck GmbH, Weinsberg